栗原心平の こべんとう

山と溪谷社

はじめに

　「お弁当箱」といっても材質や形状、大きさなどの違いによって膨大な数があります。プラスチック製にステンレス製、ホーローもあれば曲げわっぱもある。楕円形に長方形、二段重ねとさまざまで、それはそれでいろいろなアイデアを発揮できそうで楽しいですよね？
　でも、息子が幼稚園に通っていた二年間、ほぼ毎朝、お弁当づくりをしたことで「お弁当箱」について、いろいろと考えるようになりました。
　はたして……「つくる人には詰めやすく、食べる人はおいしく食べられるお弁当箱ってどんなものなんだろう？」と。
　そこで誕生したのが、この「こべんとう」です。こべんとうの「こ」は〝小さい〟を意味する「こ」であり、子どもの「こ」でもあります。とはいえ小さなお子さん向けではありません。小さくてかわいい愛おしい、でも無骨でカッコいい───「こべんとう」はそんなお弁当箱なのです。誰かのために自分のために、毎日のお弁当づくりの後押しになればと思います。

栗原心平

CONTENTS

- 2 はじめに
- 6 こべんとう宣言
- 8 くらべてみよう！
- 12 こべんとう解体新書
    その仕組みと使い方

16 part 1
休み明け……1発め こべんとう

- こべんとう1　鶏＆玉子の2色そぼろ
- こべんとう2　磯辺揚げ
- こべんとう3&4　ブリ照りvs焼き鮭

26 part 2
子どもの好物、オトナも大好き こべんとう

- こべんとう5　焼きそば
- こべんとう6　ハンバーグ＆オムレツ
- こべんとう7　つくね
- こべんとう8　から揚げ
- こべんとう9　ハムカツ
- こべんとう10　ツナカレー

44 part 3
外国人ナリキリ こべんとう

- タイ
    - こべんとう11　カオマンガイ
    - こべんとう12　ガパオ
- 中国
    - こべんとう13　五目うま煮
    - こべんとう14　チャーハン
    - こべんとう15　エビチリ
- イタリア
    - こべんとう16　チキントマト煮
    - こべんとう17　バジルポーク
- インド
    - こべんとう18　タンドリーチキン
    - こべんとう19　カレー

72 part 4
オトナの魅力全開 こべんとう

- こべんとう24　のせ助六
- こべんとう25　厚揚げ＆炊き込み
- こべんとう26　海苔だんだん
- こべんとう27　れんこん揚げと……

82 part 5
やる気注入 こべんとう
- こべんとう 28　とんかつ
- こべんとう 29　しょうが焼き
- こべんとう 30　焼き鳥重

94 part 6
体形キニナル こべんとう
- こべんとう 31　シイタケごはん
- こべんとう 32　こんにゃくごはん

100 part 7
おむすび こべんとう
- こべんとう 33　鶏飯おむすび
- こべんとう 34　昆布佃煮&鮭おむすび

104 part 8
冷"蔵"庫おそうじ こべんとう
- こべんとう 35　ピクルスバーグ
- こべんとう 36　ピリ辛鶏
- こべんとう 37　とうもろこし、白菜etc

116 part 9
冷"凍"庫おそうじ こべんとう
- こべんとう 42　お肉混ぜごはん
- こべんとう 43　シーフードピラフ
- こべんとう 44　炊き込みごはん

「こべんとう」の世界は無限大
- 64　こべんとう 20〜23　その1 みんなで持ち寄り「こべんとう」
- 112　こべんとう 38〜41　その2「こべんとう」でマリネ！

こべんとうテクニック！
- 40　技1「こべんとうならではのカット技」
- 68　技2「詰め方のコツ」
- 90　技3「めくるめく、ごはんの世界」

- 124　「こべんとう」ができるまで
- 126　おわりに

こべんとう宣言

宣言1
「こべんとう」の大きさは、
横130mm×縦80mm×高さ45mm。
一般的なお弁当箱と比べると、かなり小さい。

宣言2
けれども深さがあるから、想像以上に容量は大きい。

宣言3
軽くて丈夫なアルミ製。
アルマイト加工することで、腐食もしにくい。

宣言4
角がお茶碗のように丸いから、手にしっくりと馴染む。

宣言5
持ち運びしやすいサイズ感だから、
1個だけでなく、2個、3個とほしくなる。

この本の決まり
- 大さじ1＝15㎖、小さじ1＝5㎖、1合＝180㎖です。
- 少々＝塩や砂糖などを、親指と人差し指の2本でつまんだ量です。
- 胡椒少々＝3ふり〜5ふりの量です。
- ひとつまみ＝塩や砂糖などを、親指・人差し指・中指の3本でつまんだ量です。
- 野菜類は洗って水分を拭き取ってからの手順が書いてあります。
- 皮をむいて食べる野菜は、基本むいてからの手順です。
- 材料について＝とくに表記していない場合は、つくりやすい分量を示しています。

くらべてみよう！

じゃがいもと
こべんとう

にんじんとこべんとう

卵とこべんとう

マヨネーズとこべんとう

シイタケとこべんとう

レモンとこべんとう

レンゲとこべんとう

サインペンとこべんとう

iPhoneとこべんとう

心平さんの手とこべんとう

こべんとう解体新書
その仕組みと使い方

一見、とっても小さくて、実際、通常のお弁当箱と比べるとかなりミニマム！な「こべんとう」。でも深さがあるために容量たっぷり！その仕様から使用方法まで一気に解説しましょう。

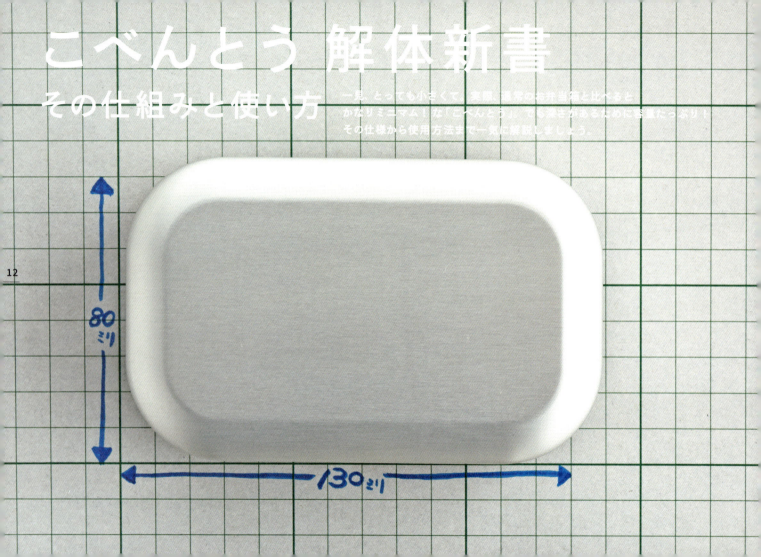

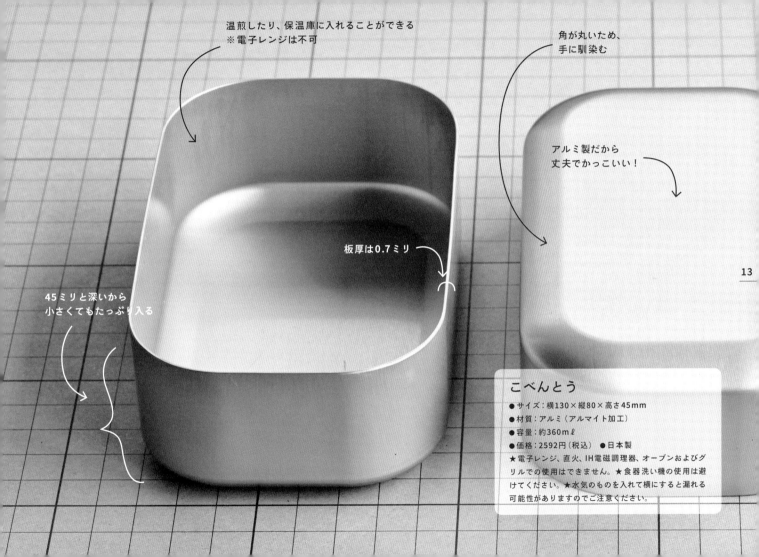

温煎したり、保温庫に入れることができる
※電子レンジは不可

角が丸いため、手に馴染む

アルミ製だから丈夫でかっこいい!

板厚は0.7ミリ

45ミリと深いから小さくてもたっぷり入る

13

こべんとう

- ●サイズ：横130×縦80×高さ45mm
- ●材質：アルミ（アルマイト加工）
- ●容量：約360mℓ
- ●価格：2592円（税込）　●日本製

★電子レンジ、直火、IH電磁調理器、オーブンおよびグリルでの使用はできません。★食器洗い機の使用は避けてください。★水気のものを入れて横にすると漏れる可能性がありますのでご注意ください。

「こべんとう」の使い方

① お弁当箱として使う

小さいけれども深くて詰めやすい「こべんとう」。蓋をしてもおかずがつぶれにくい設計で、日々のお弁当箱として大活躍！ 容量は約360mlと充分ですが、2個持ち、3個持ちもおすすめです。

② 調理道具として使う

お弁当箱というと「おかず＋ごはん」が鉄板の組み合わせ。でもそこにとらわれていては「こべんとう」の威力を発揮できず。持ち運び用の箱ととらえると用途がUP。マリネしたものを持ち寄ってのパーティもどう？

③ 収納箱として使う

お弁当箱ではあるものの……ほかのものを入れてもいいのでは？ ガジェットの電源やらカード類、ふせんやメモ、消しゴム、マスキングテープ、シャープペンシルの替え芯など、細々としたものを整理するのにも使えます。

④ クラッチバッグとして使う!?

昔懐かしのアルマイトですが、こう見るととってもスタイリッシュ！ 角が丸みを帯びているため、手にふれている感触がとてもいい。ちょっとしたモノを入れて、ぶらっとお出かけに連れて行ってもナイスです。

「こべんとう」のベストパートナー

焼いたり、揚げたり、煮込んだり、とあれこれ調理法に応じて道具をそろえる？　というのはナンセンス。そこでオススメなのが「深型フライパン」（写真右）。扱いやすいサイズ感、なにより深さがあるため、炒める・煮る・茹でる・揚げる……と調理法は多彩です。フッ素加工がなされているからお手入れのしやすさもお墨付き。フチは、どこからでも注げる仕様で右利き、左利き、どちらの方でもつかいやすいですよ。もうひとつ手に入れるならば「パンケーキパン」を。目玉焼き、オムレツ、ソーセージにぴったりです。

左：IH対応パンケーキパン 16㎝ 3780円（税込）
右：深型フライパン 16㎝ 3240円（税込）
いずれも「share with Kurihara harumi」

焼く＆炒める！

煮る！

揚げる！

炊飯する！

休み明け……1発め こべんとう

1週間がスタートする月曜日。
のんびりダラダラと過ごした身にとっては……
できるかぎり、なーんにもしたくないもの。
とはいえ、休み明けに"己"を叱咤するべく、
「よっしゃ、やるぞー」な、こべんとう、いかがでしょ？

お気楽＆インターバル的に
ササッといこうよ。

なんにもしたくないときor困ったとき、
"そぼろ"があればなんとかなる！

おかずは5品！

こべんとう1
鶏と玉子の二色そぼろ

いんげん胡麻和え

● 材料

いんげん …… 50g
塩 …… 少々
A｜黒すりごま …… 大さじ1/2
　｜砂糖、めんつゆ（三倍濃縮タイプ）
　｜　　　　　　　　…… 各小さじ1

● つくり方

1　鍋に湯を沸かし（分量外）、塩、いんげんを加えて下茹でする。ざるに取って粗熱をとる。
2　ボウルに5cm幅（こべんとうサイズ）に切った、いんげんとAを入れて和える。

かぼちゃの甘煮

● 材料

かぼちゃ …… 1/4個（250g）
A｜めんつゆ（三倍濃縮タイプ）…… 50cc
　｜水 …… 150cc
　｜砂糖 …… 大さじ1

● つくり方

1　かぼちゃは2cmの角切りに。
2　鍋にかぼちゃとAを入れて、中弱火で10分ほど煮る。

鶏そぼろ

● 材料

鶏もも（ひき肉）…… 100g
A｜酒、砂糖、みりん、醤油
　｜　　　　　　　…… 各大さじ1/2

● つくり方

1　熱したフライパンに、鶏肉を混ぜながら炒める。
2　そぼろ状になったらAを加え、煮汁がなくなったら火を止める。

玉子そぼろ

● 材料

卵 …… 1個
砂糖 …… 小さじ1/2
塩 …… ひとつまみ

● つくり方

1　ボウルに卵を溶きほぐし、砂糖、塩を加えて混ぜる。
2　熱したフライパンに1を入れ、混ぜながらそぼろ状にする。

玉ねぎのめんつゆソテー

● 材料

玉ねぎ …… 20g
ごま油 …… 小さじ1/3
めんつゆ（三倍濃縮タイプ）…… 小さじ1/2

● つくり方

1　玉ねぎは、横5mm幅に切る。
2　フライパンにごま油を熱し、玉ねぎを加えて中火で加熱する。
3　焼き色がつき、しんなりしたら、めんつゆを加えて調味する。

こべんとう2

磯辺揚げ

\|おかずは3品！/

手軽な揚げ物＝磯辺揚げ！
たけのこ＆小松菜との
三位一体でホ〜ッと和む。

20

たけのこの甘煮

●材料
たけのこ（水煮）……150g
A 　醤油……大さじ2
　　砂糖……大さじ1/2
　　みりん……大さじ1
　　酒……大さじ1
　　かつおだし……150cc

●つくり方
1　たけのこはひと口大に切る。
2　鍋にたけのことAを入れて中火にかけ、煮立ったら落とし蓋をして中弱火で10分煮る。

小松菜おひたし

●材料
小松菜……1把（70g）
醤油……小さじ1/2
かつお節……適宜

●つくり方
1　鍋に湯（分量外）を沸かし、小松菜を根元から入れて茹でる。
2　火が通ったら流水で冷まし、しっかりと水気をしぼる。
3　小松菜を食べやすい長さに切って重ね、醤油をかけてさらにしぼり、かつお節をふる。

調理のコツ

「朝から揚げ物って大変そう……」という心配は無用。少量の油でも、鍋をちょっと斜めにしてあげれば大丈夫。油を少ししか使わないから後片づけもラクちん。

磯辺揚げ

●材料
ちくわ……1本（50g）
A 　天ぷら粉……大さじ2
　　水……大さじ2
　　青のり……小さじ1
揚げ油……適量

●つくり方
1　ちくわは斜めに食べやすい大きさで切る。
2　ボウルにAを混ぜ、衣をつくる。
3　油を中温に熱し、ちくわに2の衣をつけて揚げる。
4　お好みでマヨネーズ（分量外）を添えてもいい。

漬け込まずともテリッとおいしい。
あっさりカブでモリモリ食べよ。

— 全部で4品！—

こべんとう3
ブリ照り

シャケだけでも充分満足。でもそこに……
玉子焼きをオンすると……。

|おかずは4品！|

休み明け……1発め こべんとう

23 ブリ照りvs焼き鮭

こべんとう4

焼き鮭

S

こべんとう3　ブリ照り

ブリの照り焼き

● 材料
ブリ（切り身）…… 1切れ（100g）
塩 …… 小さじ1/3
サラダ油 …… 小さじ1/2
★煮物ダレ …… 大さじ1

● つくり方
1　ブリはひと口大のそぎ切りにして、塩で下味をつける。
2　フライパンにサラダ油を熱し、1を加えて中強火にかける。
3　両面に焼き色がつき、火が通ったら煮物ダレを加えて全体にからめる。

★煮物ダレ
● 材料
醤油、酒、みりん …… 各1/2カップ
砂糖 …… 大さじ3

● つくり方
1　鍋に酒、みりんを入れて火にかけ、2/3の水分量になるまで煮詰める。
2　砂糖、醤油を加えてしっかり混ぜる。

カブの浅漬け

● 材料
カブ …… 2個（80g）
塩 …… 小さじ1/2
すし酢 …… 大さじ2
砂糖 …… 小さじ2

● つくり方
1　カブは縦半分に切り、塩をして15分おく。
2　水気をふき、すし酢、砂糖で漬け込む。

カブの葉めし

● 材料
カブの葉 …… 2株分（50g）
塩 …… 小さじ1/2
温かいごはん …… 適量

● つくり方
1　カブの葉は小口切りにして塩でもみ、10分おいて水分をしっかりとしぼる。
2　熱したフライパンに1を加えて中火で水分を飛ばす。
3　温かいごはんに2を適量混ぜる。

にんじんのきんぴら

● 材料
にんじん …… 40g
ごま油 …… 小さじ1/2
A　砂糖 …… 小さじ1/2
　　醤油、みりん …… 各小さじ1
　　白炒りごま …… 小さじ1

● つくり方
1　にんじんは5cm長さの細切りにする。
2　フライパンにごま油を熱し、にんじんを加えて中火で炒める。
3　しんなりしたらAを加えて、味を調える。

こべんとう4　焼き鮭

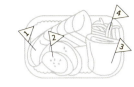

焼き鮭

● 材料
塩鮭（切り身）……1枚

●つくり方
1　魚焼きグリルで火が通るまで焼く。

玉子焼き

● 材料
卵……1個
砂糖……小さじ1/2
醤油……小さじ1/2
サラダ油……小さじ1/2

●つくり方
1　ボウルに卵を溶きほぐし、砂糖、醤油を加えて混ぜる。
2　フライパンにサラダ油を熱し、1を半量弱、流し入れてざっと混ぜ、半熟のうちに手早くまとめる。
3　焼けた卵を向こう側に寄せ、残りの卵液を流し入れる。
4　さらに、焼けた卵を持ち上げて、下にも卵液が行き渡るようにし、半熟より少し火が入った状態になったら、手前にクルクルと巻く。

塩もみきゅうり

● 材料
きゅうり……1/2本（70g）
塩……小さじ1/2
白炒りごま……適量

●つくり方
1　きゅうりは斜め5mm幅に切り、塩でもんで10分おく。
2　水気をふき、白炒りごまをのせる。

ほうれん草のソテー

● 材料
ほうれん草……50g
バター……3g
塩……ひとつまみ

●つくり方
1　ほうれん草は5cm幅に切る。
2　フライパンにバターを熱し、ほうれん草を炒める。
3　火が通ったら塩を加えて調味する。

> **調理のコツ**
> 玉子焼きは破れてしまっても大丈夫。けれども、お弁当なので半生はNG。しっかり火を通すこと。

子どもの好物、オトナも大好き こべんとう

こべんとうの「こ」は"小さい"の「こ」であって、
"子ども"の「こ」でもあるわけで。
だから……
子どもの大好きメニューを筆頭に、
オトナのおつまみにもなってしまうメニューを
ラインナップ。

蓋を開けた途端、
ワァ〜ッと声が出ちゃう。

こべんとう5

焼きそば

— 全部で3品！—

焼きそばをワイルドにドーン！
ソース焼きそばの決め手は麺をよくほぐすこと。

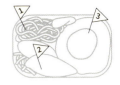

焼きそば

● 材料
豚こま切れ肉 …… 40g
塩 …… ひとつまみ
ピーマン …… 1個
キャベツ …… 40g
サラダ油 …… 小さじ1/2
焼きそば …… 1玉
A │ ウスターソース …… 大さじ1と1/2
　│ 中濃ソース …… 大さじ1
　│ みりん …… 大さじ1/2
紅しょうが、青のり …… 各適宜

● つくり方
1 豚肉は食べやすい大きさに切り、塩で下味をつける。ピーマンはヘタと種を除き、横5mm幅に、キャベツはざく切りにする。焼きそばは電子レンジ500Wで1分加熱する。
2 フライパンにサラダ油を熱し、豚肉を加えて強火で炒める。
3 色が変わったらキャベツを加え、しんなりしたらピーマンを加えて炒める。
4 焼きそばを加えてほぐし、Aを入れて全体にからめながら調味する。盛り付けて青のりをかけ、紅しょうがを添える。

笹かまぼこ

● 材料
笹かまぼこ …… 1〜2枚
サラダ油 …… 適量

● つくり方
1 フライパンにサラダ油を熱し、笹かまぼこの両面を焼く。

目玉焼き

● 材料
卵 …… 1個
サラダ油 …… 適量

● つくり方
1 フライパンにサラダ油を熱し、卵を割り入れて、中弱火でお好みの半熟加減になるまで加熱する。

盛り付けのコツ
焼きそばはギュッと押さえながら詰めていこう。目玉焼きは小さなセルクル型を使うとキュッと小さくまとまる。

二大人気メニューをひとつに！ ケチャップソースに
赤ワインをプラスすることで深い味わいに。

おかずは3品！

こべんとう 6

ハンバーグ&オムレツ

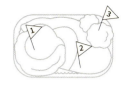

ハンバーグ

● 材料

合いびき肉 …… 140g
玉ねぎ（みじん切り）…… 30g
卵 …… 1/2個
A　塩小さじ …… 1/2
　　ナツメグ …… 小さじ1/6
　　薄力粉 …… 大さじ1/2
　　オリーブ油 …… 小さじ1/2

★ケチャップソース
　　ケチャップ …… 大さじ1
　　赤ワイン …… 大さじ1/2
　　中濃ソース …… 大さじ1と1/2
　　はちみつ …… 小さじ1/3

● つくり方

1　ボウルに肉、玉ねぎ、卵、Aを入れて粘りが出るまでしっかりと混ぜる。
2　1を3等分にする。空気抜きをしながら成形する。
3　フライパンにオリーブ油を熱し、2の両面に焼き色をつける。
4　8割程度火が通ったら、ケチャップソースの材料を加えてさっと煮立てる。
5　火を止め、蓋をして余熱で火を通す。

オムレツ

● 材料

卵 …… 1と1/2個分
塩 …… 小さじ1/4
バター …… 2g

● つくり方

1　ボウルに卵を溶きほぐし、塩を加える。
2　フライパンにバターを熱し、1を流し入れてざっと混ぜ、半熟のうちに手早くまとめる。
3　裏返して表面を焼き固める。

ブロッコリーバターソテー

● 材料

ブロッコリー …… 50g
バター …… 2g

● つくり方

1　ブロッコリーは小房に分ける。
2　フライパンにバターを熱し、ブロッコリーを加えて火が通るまで転がしながら炒める。

つくね

こべんとう7

おかずは2品！

大きなつくねに、タレをからめた野菜たち。
茹でたオクラが味と見た目のアクセント。

子どもの好物、オトナも大好きこべんとう

つくね

● 材料
鶏ももひき肉 …… 100g
塩 …… 小さじ1/4
玉ねぎ（みじん切り）…… 20g
薄力粉 …… 大さじ1/2
しいたけ …… 2個（40g）
れんこん …… 50g
ごま油 …… 小さじ1
A｜みりん …… 大さじ1
　｜醤油 …… 大さじ1
　｜砂糖 …… 小さじ2

● つくり方
1 ボウルに鶏肉、塩、玉ねぎ、薄力粉を入れて粘りが出るまでしっかりと混ぜ、4等分にして円形に成形する。
2 しいたけは5mm幅に、れんこんは2〜3mm幅に切って水にさらし水気を切る。
3 フライパンにごま油を熱し、1の両面に焼き色をつける。
4 しいたけ、れんこんを加えて炒め、油がまわったらAを加えて全体にからめる。

茹でオクラ

● 材料
オクラ …… 2〜3本
塩 …… 適量

● つくり方
1 オクラはガクを削り、塩少々で板ずりをする。
2 鍋に湯（分量外）を沸かし、1を塩がついたままさっと茹でて、流水で冷ます。

盛り付けのコツ

ごはんは、右3分の2程度に詰める。その際、スパッとタテ90度にするのではなく、なだらかなスロープを描くように。そのスロープ部分につくねを置いて。

ごはんには"ゆかり"をふりかける。

つくね

こべんとう8

から揚げ

おかずは3品！

ゴロッとから揚げ＋日の丸ごはん！
ごま油をちょい足しするとグッと香ばしく。

1 にんじんの甘煮

●材料
にんじん……70g
バター……2g
めんつゆ（三倍濃縮タイプ）
　　　　……小さじ1
水……小さじ1

●つくり方
1　にんじんは4等分のくし切りにして3cm幅に切る。
2　鍋に、1とかぶる程度の水を入れ、火が通るまで茹でる。
3　湯をこぼし、バターを加えてなじませ、めんつゆ、水を加えて軽く煮からめる。

2 マヨネーズ和え

●材料
コーン缶……20g
ハム（みじん切り）……1枚（15g）
スナップエンドウ……2本
マヨネーズ……大さじ1

●つくり方
1　コーン缶は水気を切る。スナップエンドウはヘタと筋を除き、下茹でして粗熱をとり、斜め1cm幅に切る。
2　ボウルに1とハム、マヨネーズを入れてからめる。

3 から揚げ

●材料
鶏もも肉……200g
A　にんにく（すりおろし）……1片
　　しょうが（すりおろし）……1片
　　醤油……大さじ1
　　酒……大さじ1
　　砂糖……小さじ1/2
片栗粉……適量
揚げ油……適量　※ごま油を少量入れると香りが立っておいしくなる。

●つくり方
1　鶏肉は食べやすい大きさに切る。
2　ボウルに1とAを入れて30分漬ける。
3　余分な水分を切り、片栗粉をまぶして中温に熱した油で揚げる。

盛り付けのコツ
にんじんは「こべんとう」の深さに合わせてカットして、縦に盛り付けるべし！

ひと口サイズのハムカツを整然と。
染み染みごはんとの相性もバッチリ。

― 全部で3品！―

こべんとう9
ハムカツ

ハムカツ

● 材料
ボローニャソーセージ …… 4切れ
卵 …… 1個
薄力粉 …… 大さじ2
揚げ油 …… 適量
パン粉（細かめ）…… 適量

● つくり方
1 ボウルに卵、薄力粉を混ぜて衣をつくる。
2 ボローニャソーセージに1、パン粉の順につけて中温に熱した油で揚げる。

ソースごはんon グリーンピース

● 材料
温かいごはん …… 120g
ハム（みじん切り）…… 1枚（15g）
サラダ油 …… 小さじ1/2
ウスターソース …… 小さじ2と1/2
グリーンピース …… 2〜4粒

● つくり方
1 フライパンにサラダ油を熱し、ハムを中火で炒める。
2 香りが立ったら、ごはんを加えて炒める。ほぐれたらウスターソースを加えて調味する。
3 彩りとして、茹でたグリーンピースをのせる。

いんげんカニカマ和え

● 材料
いんげん …… 5本
カニカマ …… 15g
マヨネーズ …… 小さじ1
塩 …… 少々

● つくり方
1 鍋に湯（分量外）を沸かし、塩を加えていんげんを茹でる。
2 流水で粗熱をとり、水気を拭いて縦半分、5cm長さに切る
3 ボウルに2、手でほぐしたカニカマ、マヨネーズを加えて和える。

盛り付けのコツ

いんげんを切る際、「こべんとう」の縦の長さに合わせる！

ごはんは両サイドを空けて詰める。

一見……白飯だけと思いきや！
掘り起こすとそこにはまさかのカレー。

全部で3品！

こべんとう10
ツナカレー

1 ポテトサラダ

●材料
じゃがいも……2個（90g）
きゅうり……30g
塩……小さじ1/5
ハム（みじん切り）……1枚
マヨネーズ……大さじ2

●つくり方
1 じゃがいもはひと口大に切って鍋に入れ、かぶる程度の水を加えて、竹串が通る程度まで茹でる。
2 湯をこぼし、再び火にかけて余分な水分を飛ばし、つぶして粗熱をとる。
3 きゅうりは薄切りにして塩をして10分おき、余分な水分をしぼる。
4 じゃがいもときゅうり、ハム、マヨネーズをよく混ぜる。

2 ソーセージ

●材料
ソーセージ……1〜2本
サラダ油……適量

●つくり方
1 ソーセージは斜め1〜2mm幅に切り込みを入れる。
2 フライパンにサラダ油を熱し、1を加えて転がしながら焼き色が少しつく程度まで加熱する。

3 ツナカレー

●材料
ツナ……1缶（70g）
ピーマン……1個
玉ねぎ……30g
白ワイン……大さじ1
水……150cc
カレー粉（甘口）……20g
中濃ソース……大さじ1/2

●つくり方
1 ピーマンはヘタと種を除き、横5mm幅に、玉ねぎはみじん切りにする。
2 フライパンを熱し、油をきらずにツナ、ピーマン、玉ねぎを入れて炒める。
3 しんなりしたら、白ワイン、水の順に加える。
4 カレー粉を加えて混ぜ溶かし、中濃ソースを加えて調味する。

「こべんとう」を使いこなす　こべんとうテクニック1

技1 「こべんとう」ならではのカット技

材料の切り方にはさまざまありますが、ここではそうした基本の切り方ではなく、「こべんとう」に適したカット法を。レシピには〝何ミリ幅で切る〟としていますが、「こべんとう」の幅や長さ、深さに合わせて切って構いません。盛り付けがスムーズになりますよ。

基本の「き」

基本1
「こべんとう」の幅or長さor深さに合わせて切るべし。

基本2
野菜だけでなく、ウインナー、焼いたお肉なども同様に、幅・長さ・深さを意識して。

たとえば……
にんじんはどう切る？

「こべんとう」の"深さ"にそろえてカット！

ハムもズッキーニも いんげんも……

「こべんとう」に 合わせて切るべし！

と言いつつも……。食べたときの食感やほかの材料とのバランス、絡み具合、食べやすさが、おいしさにつながることをお忘れなく！

↑ハム
↑玉ねぎ

じゃあ……
チャーハンの玉ねぎやハムは
どう切る？

ごはん粒と同じくらいの
大きさの"みじん切り"に！

一応……

本書に登場する切り方

- 千切り
- そぎ切り
- 薄切り
- 縦薄切り
- 細切り
- くし切り
- 輪切り
- みじん切り
- ざく切り
- 棒状に切る
- 斜め薄切り
- 角切り
- ささがき
- 半月切り
- 小口切り
- 蛇腹切り

蛇腹切りのコツ

しっとりなめらかで味をしみやすくするのが、この蛇腹切り。コツは割り箸を使うこと。両端を切り落としたきゅうりの側面を割り箸で挟み、斜めに切り込みを入れる。ひっくり返して片面も同様にすればキレイにできます。

気分次第で、ネイティブ感を日替わり満喫。

外国人ナリキリ こべんとう

世界万国ありとあらゆるお料理が、ごくごく身近な今。
「こべんとう」だって、
各国バラエティに富んでもいいではないか！
味の決め手はスパイス&ソース。
さっ、今日はどこにトリップ？

こべんとう 11

カオマンガイ タイ

— 全部で2品！ —

カオ＝米、マン＝油、ガイ＝鶏！

カオマンガイ

● 材料

米 …… 1合
鶏もも肉 …… 80g
A　鶏がらスープの素（顆粒）
　　　　　…… 小さじ1/3
　　水 …… 155cc
　　酒 …… 小さじ1
塩 …… 小さじ1/5
オリーブ油 …… 小さじ1
にんにく（みじん切り）…… 1/2片
パクチー …… 適宜

● つくり方

1 米は洗って水気を切る。鶏肉は塩で下味をつける。Aは合わせておく。
2 フライパンにオリーブ油を熱し、にんにくを入れて香りが立ったら鶏肉を加える。両面に焼き色がついたら一度取り出す。
3 そのままのフライパンに米を加えて混ぜながら炒める。透き通ってきたら炊飯鍋に移しAを加え、2の鶏肉をのせて蓋をして強火にかける。
4 煮立ったら弱火にして10分炊き、火を止めて10分蒸らす。
5 炊き上がったら鶏肉を取り出して食べやすい大きさに切り、タレ、ごはん、パクチーを添える。

パクチー玉ねぎ

● 材料

紫玉ねぎ …… 50g
パクチー（みじん切り）…… 2g
オリーブ油 …… 小さじ1/2
にんにく（みじん切り）…… 1/4片
ナンプラー …… 小さじ1

● つくり方

1 紫玉ねぎは縦1.5cm幅に切り、長さを3等分にする。
2 フライパンにオリーブ油を熱し、にんにくを入れて中強火にかける。
3 香りが立ったら、1を加え、表面を軽く焼きつけて取り出し、粗熱をとる。
4 ボウルに3、ナンプラー、パクチーを加えて和える。

カオマンガイのタレをつくる

● 材料

スイートチリソース …… 大さじ1/2
オイスターソース …… 小さじ1
豆板醤 …… 小さじ1/3
醤油 …… 小さじ1
にんにく（すりおろし）…… 1/4片
しょうが（すりおろし）…… 1/4片

● つくり方

すべての材料を合わせる。

盛り付けのコツ

「こべんとう」では、シリコンカップやアルミホイルなどを使わないのが基本。でも、しっかり水分のあるタレの場合は利用しよう。

こべんとう12
ガパオ タイ

おかずは3品！

ガパオの不思議＝じつは……
タイには存在しない!?

ガパオ

● 材料
豚ひき肉 …… 100g
玉ねぎ …… 20g
にんにく …… 1/3片
バジル …… 3g
赤パプリカ …… 8g
ナンプラー …… 小さじ1
塩 …… 小さじ1/3
オリーブ油 …… 小さじ1
赤唐辛子（輪切り）…… 小さじ1

● つくり方
1 にんにく、バジル、玉ねぎはみじん切りに、赤パプリカは5mm幅に切って、長さを等分にする。
2 フライパンにオリーブ油を熱し、豚肉を強火で炒める。
3 そぼろ状になったらにんにくを加え、香りが立ったら、玉ねぎ、バジル、赤パプリカ、赤唐辛子を加えて炒め、しんなりしたらナンプラー、塩を加えて調味する。

目玉焼き

● 材料
卵 …… 1個
サラダ油 …… 適宜

● つくり方
1 フライパンにサラダ油を熱し、卵を割り入れて、中弱火でお好みの半熟加減になるまで加熱する。

エスニックさつま揚げ

● 材料
さつま揚げ …… 1枚
パクチー（みじん切り）…… 2g
薄力粉 …… 大さじ1
水 …… 大さじ1
スイートチリソース …… 小さじ1
オリーブ油 …… 大さじ1

● つくり方
1 さつま揚げは1/4等分に切る。
2 ボウルに薄力粉、水を入れて泡立て器で混ぜ、ダマがなくなったらパクチーとスイートチリソースを加えて衣をつくる。
3 フライパンにオリーブ油を熱し、2をつけたさつま揚げの全面を焼きつけて、揚げ焼きにする。

こべんとう13

五目うま煮中国

おかずは2品！

あんがトロ〜リからんだ五目丼。豚こま使って時間を短縮。

ゆでたまご

● 材料
卵 …… 1個
黒いりゴマ …… 適量

● つくり方
1　鍋に湯（分量外）を沸かし、卵を入れて10分ほど茹でる。
2　流水で粗熱をとり、殻をむく。
3　半分に切って「こべんとう」に盛り付けたらゴマをふる。

五目うま煮

● 材料
豚こま切れ肉 …… 40g
塩 …… ひとつまみ
黒胡椒 …… 適量
たけのこ …… 20g
しいたけ …… 1個（20g）
にんじん …… 20g
白菜 …… 50g
A　｜　鶏がらスープの素（顆粒）
　　　　　　…… 小さじ1/4
　　｜　砂糖 …… 小さじ1/2
　　｜　酒 …… 大さじ1/2
　　｜　オイスターソース …… 大さじ1/2
　　｜　片栗粉 …… 小さじ1/3
　　｜　水 …… 大さじ1
　　｜　醤油 …… 小さじ1
ごま油 …… 小さじ1

● つくり方
1　豚肉は食べやすい大きさに切り、塩、黒胡椒で下味をつける。
2　たけのこ、しいたけは5mm幅に、にんじんは2～3mm幅の半月切りに、白菜は1cm幅の角切りに。Aは合わせておく。
3　フライパンにごま油を熱し、にんじん、白菜の順に強火で炒める。油がまわったら豚肉を加えて火が通ったら、たけのこ、しいたけを加えて炒める。
4　しんなりしたらAを加え、炒め合わせる。

盛り付けのコツ

ごはんは底部から半分程度までに詰めて。"しっとりまろやかな"うま煮がごはんに染み込み、経過するとともにおいしさバクハツ！

パラパラにするには、チャーハン専用にごはんを炊くべし。

全部で3品！

こべんとう14
チャーハン 中国

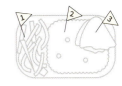

青椒肉絲

● 材料
豚こま切れ肉 …… 50g
塩 …… ひとつまみ
黒胡椒 …… 適量
しょうが（みじん切り）…… 1/4片
ピーマン（千切り）…… 1個（25g）
たけのこ（千切り）…… 10g
A｜酒 …… 小さじ1
　｜オイスターソース …… 小さじ1
　｜醤油 …… 小さじ1
　｜砂糖 …… 小さじ1/3
ごま油 …… 小さじ1/2

● つくり方
1 豚肉は5mm幅に切り、塩、黒胡椒で下味をつける。Aは合わせておく。
2 フライパンにごま油を熱し、豚肉、しょうがを加えて強火で炒める。
3 ピーマン、たけのこの順に加え、油がまわったらAを加えて炒め合わせる。

チャーハン

● 材料
温かいごはん …… 230g
卵 …… 1個
長ねぎ …… 5cm
ハム …… 15g
にんにく …… 1/3片
しょうが …… 1/3片
ごま油 …… 小さじ1
塩 …… 小さじ1/2

● つくり方
1 卵は溶きほぐし、長ねぎ、ハム、にんにく、しょうがはみじん切りにする。
2 フライパンにごま油を熱し、にんにく、しょうがを加えて強火で炒める。
3 香りが立ったら卵を加え、すぐにごはんを加えてほぐしながら、焼きつけるように炒める。
4 ごはんがパラッとしてきたら長ねぎ、ハムを加え、塩を加えて炒め合わせる。

3 白菜酢漬け

● 材料
白菜 …… 70g
塩 …… 小さじ1/3
A｜薄口醤油 …… 小さじ1
　｜すし酢 …… 小さじ2
　｜赤唐辛子（輪切り）…… 小さじ1/4

● つくり方
1 ざく切りにした白菜と塩を合わせてもみ、1時間おき、しぼって余分な水分を出す。
2 ボウルにAと白菜を入れて、軽く和え、30分ほど漬ける。

コツ
白菜の水分は両手でギュッと力を込めてしぼり出す！

こべんとう15
エビチリ 中国

テンション上がるエビチリの下には薄焼き玉子！

おかずは2品！

エビチリ

● 材料
エビ …… 9尾（100g）
塩 …… ひとつまみ
黒胡椒 …… 適量
ブロッコリー …… 40g
長ネギ …… 5cm
A ｜ ケチャップ …… 小さじ2
　｜ 鶏ガラスープの素（顆粒）
　｜　 …… 小さじ1/5
　｜ 豆板醤 …… 小さじ1/5
　｜ 片栗粉 …… 小さじ1/5
　｜ 砂糖 …… 小さじ1
　｜ オイスターソース …… 小さじ1/2
　｜ 酒 …… 大さじ1/2
　｜ 水 …… 大さじ1

ごま油 …… 小さじ1

● つくり方
1　エビは殻をむき、背開きにして背ワタを取り除く。塩、黒胡椒で下味をつける。ブロッコリーは小房に分け、長ネギはみじん切りにする。Aは合わせておく。
2　フライパンにごま油を熱し、エビを中強火で炒める。色が変わったらブロッコリー、長ネギの順に加え、油がまわったらAを加えてよく炒め合わせる。

中華風オムレツ

● 材料
卵 …… 1個
塩 …… ひとつまみ
しょうが（すりおろし）…… 1/4片
カニカマ …… 16g
しいたけ …… 6g
ごま油 …… 大さじ1/2

● つくり方
1　卵は溶きほぐし、塩、しょうがを合わせておく。カニカマは手でほぐし1cm幅に、しいたけはみじん切りにする。
2　フライパンにごま油を熱し、カニカマ、しいたけを加えて中強火で炒める。
3　油がまわったら卵を加え、フライパン全体に広げて混ぜずに焼き固める。

こべんとう 16

チキントマト煮 イタリア

＼おかずは2品！／

チキンに下味をつけるから、しっかりとした旨みが際立つ。

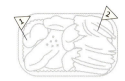

チキントマト煮

● 材料
鶏もも肉……200g
塩……小さじ1/2
黒胡椒……適量
にんにく……1片
ブロッコリー……70g
トマト缶……1缶
白ワイン……大さじ1
オリーブ油……大さじ1

● つくり方
1 鶏肉はひと口大に切り、塩、黒胡椒で下味をつける。にんにくは縦半分に、ブロッコリーは小房に分ける。
2 フライパンにオリーブ油を熱し、にんにくを入れ、香りが立ったら鶏肉を加えて強火で炒める。
3 色が変わったらトマト缶、白ワインを加え、煮立ったらブロッコリーを加えて蓋をして中強火で5分ほど煮る。

ハッシュドポテト

● 材料
じゃがいも（千切り）……1個（100g）
オリーブ油……大さじ1/2
塩……ひとつまみ

● つくり方
1 フライパンにオリーブ油を熱し、じゃがいもを平たく円形に広げてしっかりと焼きつける。焼き色がついたら、返し、蓋をして火を弱め、火が通るまで焼く。
2 表面に塩をふる。

調理のコツ
ハッシュドポテトはなるべくいじらず……じっと待つ。じゃがいも同士が自然にくっ付き合って、カリッと仕上がる。

こべんとう17 バジルポークイタリア

おかずは3品！

仕上げにサッとバジルとにんにくをからめれば、さわやかに。

トマトモッツァレラチーズ

● 材料
ミニトマト……適量
モッツァレラチーズ……適量

● つくり方
1 ミニトマトは縦半分に、モッツァレラチーズはミニトマトと同じ大きさに合わせて、5mm幅に切る。
2 ミニトマトとモッツァレラチーズを交互に並べて盛る。

マッシュポテト

● 材料
じゃがいも……1個（100ｇ）
バター……4ｇ
牛乳……大さじ1
塩……ひとつまみ
黒胡椒……適量

● つくり方
1 じゃがいもはひと口大に切って鍋に入れ、かぶる程度の水を加えて竹串が通る程度まで茹でる。
2 湯をこぼし、再び火にかけて余分な水分を飛ばし、つぶしたバター、牛乳の順に加える。
3 塩、黒胡椒を加えて混ぜる。

バジルポーク

● 材料
豚肩ロース肉……150ｇ
塩……小さじ1/3
白胡椒……適量
バジル（みじん切り）……5ｇ
にんにく（みじん切り）……1片
オリーブ油……小さじ1

● つくり方
1 豚肉は筋切りをして塩、白胡椒で下味をつける。
2 フライパンにオリーブ油を熱し、1を中強火で炒める。
3 両面に焼き色がつき、火が通ったらバジル、にんにくを加えてさっとからめる。

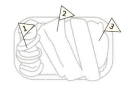

調理のコツ
豚肉は「こべんと箱」の幅に合わせてカットする。

こべんとう18

タンドリーチキン インド

— 全部で3品！—

しっとりタンドリーチキンと
ひよこ豆のコンビネーション。

豆とツナのサラダ

● 材料
ひよこ豆 …… 230g
ツナ …… 1缶（70g）
紫玉ねぎ（みじん切り）…… 30g
マヨネーズ …… 大さじ2
レモン汁 …… 小さじ1
塩 …… 2つまみ
黒胡椒 …… 適量

● つくり方
1 ひよこ豆は水気を切る。
2 ボウルにすべての材料を入れて混ぜる。お好みでパセリを散らしてもよい。

タンドリーチキン

● 材料
鶏もも肉 …… 100g
塩 …… 小さじ1/4
A│ヨーグルト …… 大さじ1
　│クミン …… 小さじ1/4
　│ガラムマサラ …… 小さじ1/4
　│ナツメグ …… 小さじ1/4
　│にんにく（すりおろし）…… 1/3片分
オリーブ油 …… 小さじ1

● つくり方
1 鶏肉は塩で下味をつけて10分おき、さらにAを合わせて1時間おく。
2 フライパンにオリーブ油を熱し、1を加えて中弱火で蓋をして、たまに返しながら、火が通るまで加熱する。
3 食べやすい大きさに切る。

カレーピラフ風チャーハン

● 材料
温かいごはん …… 200g
ピーマン …… 1個（30g）
ハム …… 1枚（10g）
オリーブ油 …… 小さじ1
A│カレー粉 …… 小さじ2/3
　│ウスターソース …… 小さじ1/2
　│塩 …… 小さじ1/3

● つくり方
1 ピーマン、ハムはみじん切りにする。
2 フライパンにオリーブ油を熱し、1を強火で炒める。しんなりしたらごはんを加えて、ほぐしながら焼きつけるように炒め、Aを加えて調味する。

こべんとう 19

カレー インド

— 全部で3品！—

ターメリックライスを中央に、
サイドにカレー＆トマトを！

トマトサラダ

●材料
ミニトマト……4個
パセリ（みじん切り）……5g
オリーブ油……大さじ1
すし酢……大さじ1
黒胡椒……適量

●つくり方
1 ミニトマトは縦半分に切る。
2 ボウルにすべての材料を入れて混ぜ合わせる。

ターメリックライス

●材料
温かいごはん……230g
バター……5g
ターメリック……小さじ1/2

●つくり方
1 フライパンにバターを溶かし、ターメリックを炒める。
2 ごはんを加えて、ほぐすように炒め合わせる。

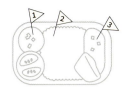

盛り付けのコツ

ターメリックライスを中央に配することで、シンメトリーなルックスに。カレーなど汁気の多いおかずでぐちゃぐちゃにならないためのテクニック！

ほうれん草と鶏ひき肉のカレー

●材料
鶏ももひき肉……100g
ほうれん草……40g
バター……5g
玉ねぎ（すりおろし）……100g
しょうが（すりおろし）……1片
にんにく（すりおろし）……1/2片
クリームチーズ（スパイス・ハーブ入り）
　　　　　　　　　　　……適宜
トマト……1個（130g）
A｜カレー粉……小さじ1と1/2
　｜クミン……小さじ1/3
　｜ターメリック……小さじ1/3
　｜ガラムマサラ……小さじ1/2
　｜塩……小さじ1と1/2

●つくり方
1 ほうれん草はえぐみが強い場合には、下茹でをして5mm幅の小口切りにする。トマトは湯むきして皮を除き、ざく切りにする。
2 フライパンにバターを溶かし、鶏肉を加えて強火で炒める。そぼろ状になったらほうれん草を加え、油がまわったら玉ねぎ、しょうが、にんにく、トマトを加えて5分煮る。
3 Aを加え、さっと煮立てて味をなじませる。
4 「こべんとう」に盛り付けたら、クリームチーズを添える。

64

こべんとう20
コールスロー

こべんとう21
豆と野菜のトマト煮

こべんとう22
牛肉ステーキみそソース

こべんとう23
鶏むね肉とイカの
パセリにんにくグリル

コールスロー

●材料
キャベツ（千切り）……350g
塩……小さじ1/2
紫玉ねぎ……1/4個（50g）
くるみ……20g
A｜オリーブ油……大さじ1
　｜すし酢……大さじ1/2

●つくり方
1 キャベツは塩でもみ、10分おいて水気をしぼる。紫玉ねぎは縦薄切りにして水気をしぼる。
2 ボウルに1とくるみ（砕いたもの）、Aを入れて混ぜる。

豆と野菜のトマト煮

●材料
ズッキーニ……70g
パプリカ（赤）……50g
セロリ……60g
ミックスビーンズ（水煮缶）……110g
にんにく……1片
オリーブ油……大さじ1
ローリエ……1枚
白ワイン……大さじ1
トマト缶（カット）……1缶
塩……小さじ1

●つくり方
1 ズッキーニ、セロリは横7～8cm幅に、パプリカは同じ大きさ口大に切る。
2 フライパンにオリーブオイルを熱し、にんにくを強火にかける。
3 香りが立ったら、1を加えて炒める。油がまわったらミックスビーンズ、ローリエ、白ワイン、トマト缶を加え、蓋をして弱中火で煮込む。
4 野菜がくったりとして水分が半量程度になったら、塩を加えて調味する。

牛肉ステーキみそソース

●材料
牛肉（ステーキ用）……220g
塩……小さじ1/3
黒胡椒……適量
なす……2本
白炒りごま……適量
みそソース
　｜八丁味噌……大さじ2
　｜みりん……大さじ1
　｜酒……大さじ1/2
　｜砂糖……小さじ1

●つくり方
1 牛肉は1.5cm幅の棒状に切り、塩、黒胡椒で下味をつける。
2 なすはグリルで火が通るまで焼いてから冷まし、ヘタを落として皮をむき、食べやすい大きさに手でさく。
3 熱したフライパンに1を入れ強火での焼き加減にする。お好みの焼き付けて、みそソースをからめる。
全面に焼き色をつけて、お好みの焼き加減にする。
4 こべんとうに盛り付けて、みそソースをかけて白炒りごまをふる。

＊すべての材料を混ぜ合わせておく。

メカジキとイカの
パセリにんにくグリル

●材料
メカジキ……150g
スルメイカ……1杯（150g）
塩……小さじ1/2
オリーブ油……大さじ2
パセリ（みじん切り）……6g
にんにく（みじん切り）……1片分
レモン（半月切り）……1枚

●つくり方
1 メカジキは1.5cm幅に切る。スルメイカは足とワタごと引き抜き、ワタと足を切り離してしっかりと洗う。胴の軟骨を除いて5cmの輪切りに、足は2～3等分に切る。
2 ボウルに1とオリーブ油（大さじ1）、塩を入れて下味をつける。
3 フライパンに残りのオリーブ油を熱し、にんにくを加えて火にかけ、香りが立ったらパセリを加えて焼きる。
4 焼き目が加えてから、香りが立ったら火を止めるこべんとうに盛り付けレモンを添える。

みんなで持ち寄り
「こべんとう」

67

「こべんとう」を使いこなす　こべんとうテクニック 2

技2　詰め方のコツ

お弁当箱の種類に関わらず、「詰めるのが難しい！」という声をよく聞きます。基本となる手順は、①ごはんを詰めて冷ます。②メインのおかずを詰める。③サブのおかずを詰め、さらに隙間をうめていく、というもの。でも「こべんとう」にはそれ以外のコツもあって……。

基本の「き」

基本 1
水気や汁気を切る。

基本 2
冷ましてから詰める。

基本 3
ごはんを先に詰めて冷ます。

お弁当の詰め方は、続けるうちに上手になるよ！

たとえば……
ごはんはどう詰める？

少なく（低く）
↕
多く（高く）

ごはんはフラットではなく、
おかずをのせる分、少なく（低く）詰める。

ごはんを中央に
盛り付けると？

両サイドに汁気のあるものを
詰めることができる。

ごはんにおかずの旨みを
染み渡らせるには？

ごはんを底面に
ぎっしりと敷き詰めて。

カレー系は、
ごはんとごはんでサンドすると？

蓋にくっついてしまうという、
残念な結果を防ぐことができる。

ほかにも……

タテに積む。

オニ押しすれば蓋は閉まる。

タテに重ねる。

滋味がめいっぱい詰まってる、
そんなオトナの味。

オトナの魅力全開 こべんとう

オトナ＝和。
……とは限らないけれど、
子どもっぽいおかずだけではない、
渋さあふれる「こべんとう」用意しました。
ごはんはありますが、
"アタマ"で燗酒をキュッと……なんてときにもぴったりです。

江戸っ子の定番「助六」のキモは、お手製のかんぴょう煮。

全部で6品！

こべんとう24

のせ助六

ごまめ

● 材料
いりこ …… 5g
煮物ダレ（P24参照）…… 大さじ1

● つくり方
1 フライパンで、いりこを空煎りをしてパリッとさせる。
2 煮物ダレを加えて調味する。

錦糸玉子

● 材料
卵 …… 1個
みりん …… 小さじ1
砂糖 …… 小さじ1/4
サラダ油 …… 適量

● つくり方
1 ボウルに卵を溶きほぐし、みりん、砂糖を加えて混ぜる。
2 フライパンにサラダ油を熱し、**1**を半量流し入れて薄く広げる。表面が乾いてきたら返し、サッと焼いて粗熱をとり、もう一枚も同様に焼く。
3 粗熱をとり、千切りにする。

なす漬物

● 材料
なす漬物 …… 適宜

● つくり方
1 なす漬物を半分に切る。

かんぴょうと油揚げ煮

● 材料
かんぴょう …… 20g
油揚げ …… 2枚
A ｜ かつおだし …… 150cc
　｜ 煮物ダレ …… 大さじ3

● つくり方
1 かんぴょうは水で戻し、適量の塩（分量外）でもみ洗いをして鍋に入れ、かぶる程度の水を加えて下茹でをして3㎝幅に切る。
2 油揚げは湯をかけて油抜きをする。水気を切り、横3㎝幅に切る。
3 鍋に**A**とかんぴょうを入れて落とし蓋をして、弱火中火で15分煮る。煮汁を残して取り出し、そのままの鍋に油揚げを加えて、たまに混ぜながら煮汁がなくなるまで煮る。

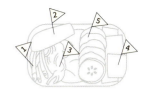

盛り付けのコツ

「助六」というと本来は巻き寿司だが、海苔で巻かずに、すし飯にのせるのが「こべんとう流」。

彩りとして「輪切りにしたきゅうり」を添える。

すし飯

● 材料
温かいごはん …… 150g
すし酢 …… 大さじ1

● つくり方
1 ボウルにごはんとすし酢を入れて、さっくりと混ぜる。

こべんとう25

厚揚げ&炊き込み

全部で3品！

ふっくら煮上げた厚揚げと炊き込みごはんの純和風。

五目炊き込みごはん

● 材料

米 …… 2合
油揚げ …… 1枚
にんじん …… 50g
こんにゃく …… 70g
大豆（水煮）…… 80g
ごぼう …… 50g
A | かつおだし …… 315cc
　| 薄口醤油 …… 大さじ1
　| 酒 …… 大さじ1
　| みりん …… 大さじ1
　| 塩 …… 小さじ1/2

絹さや …… 適宜

● つくり方

1 米は洗って水気を切る。油揚げ、にんじんはみじん切りに、こんにゃくは5mmの角切りする。
2 大豆は水気を切り、ごぼうはささがきにして水にさらし、水気を切る。Aは混ぜておく。
3 炊飯器に1と2を入れて炊く。
4 炊き上がったら、さっくりと混ぜて盛り付ける。
5 茹でた絹さやをあしらう。

しいたけの炒め煮

● 材料

しいたけ …… 1個
A | 醤油 …… 大さじ1
　| みりん …… 大さじ1

ごま油 …… 小さじ1

● つくり方

1 しいたけは半分に切る。
2 フライパンにごま油を熱し、しいたけの両面に焼き色をつける。
3 Aを加えて煮含める。

厚揚げ胡麻煮

● 材料

厚揚げ …… 1枚
A | かつおだし …… 300cc
　| 酒 …… 大さじ1
　| みりん …… 大さじ1
　| 醤油 …… 大さじ1
　| 砂糖 …… 大さじ1/2
　| 白炒りすりごま …… 小さじ2

早煮昆布 …… 8g

● つくり方

1 鍋にA、ひと口大に切った厚揚げを入れて煮立て、落とし蓋をして中弱火で10分煮る。
2 2cm幅に切った早煮昆布を加え、落とし蓋をして中弱火でさらに10分煮る。

栗原家の大定番。
海苔を重ねて……おかずをのせる！

こべんとう26 海苔だんだん

全部で4品！

タラのフライ

● 材料
タラ（切り身）…… 1/2切れ
塩 …… 適宜
卵 …… 1個
薄力粉 …… 大さじ2
揚げ油、パン粉（細かめ）…… 各適量

● つくり方
1 タラは食べやすい大きさにそぎ切りにして、塩で下味をつける。
2 ボウルに卵、薄力粉を混ぜて衣をつくる。
3 タラに衣、パン粉の順につけて、中温に熱した油で揚げる。

明太子

● 材料
明太子 …… 1腹

● つくり方
1 「こべんとう」に「海苔だんだん」「タラのフライ」を盛り付けてから、中央部に入れる。

きんぴらごぼう

● 材料
ごぼう …… 1/2本（100g）
ごま油 …… 小さじ1
赤唐辛子（輪切り）…… 1本分
A ｜ 醤油 …… 大さじ1
　｜ みりん …… 大さじ1
　｜ 砂糖 …… 小さじ1

● つくり方
1 ごぼうは千切りにして水にさらし、水気を切る。
2 フライパンにごま油を熱し、赤唐辛子、ごぼうを加えて中強火で炒める。
3 しんなりしたら、Aを加えて煮汁がなくなるまで加熱する。

海苔だんだん

● 材料
温かいごはん …… 適量
海苔 …… 適量
醤油 …… 適量
かつお節 …… 適量

● つくり方
1 ボウルで醤油、かつお節を合わせる。
2 こべんとうに半量の温かいごはん、1、海苔の順にのせる。同様にもう一段重ねる。

こべんとう27
れんこん揚げと……

\おかずは3品！/

サクッとれんこん、ジュワッと豚肩、サッと小松菜！

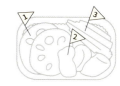

れんこん揚げ

● 材料
れんこん（輪切り）…… 3枚（30g）
天ぷら粉 …… 大さじ2
水 …… 大さじ2
揚げ油 …… 適量
★甘ダレ
　めんつゆ（三倍濃縮タイプ）…… 大さじ2
　水 …… 50cc
　砂糖、すし酢 …… 各大さじ1
　白すりごま …… 小さじ2

● つくり方
1　れんこんは水にさらして、アク抜きをして水気をふく。
2　ボウルに、天ぷら粉と水を合わせて衣をつくる。
3　れんこんに衣をつけて、中温に熱した油で揚げる。
4　甘ダレ（鍋に材料すべてを入れて火にかけ、半量の水分量になるまで煮詰めたもの）にくぐらせる。

豚肩サイコロ煮

● 材料
豚肩ロース肉 …… 60g
塩 …… ひとつまみ
黒胡椒 …… 適量
甘ダレ …… 適量

● つくり方
1　豚肉は2cmの角切りにして、塩、黒胡椒で下味をつける。
2　フライパンを熱し、1を中強火で全面に焼き色をつけながら火を通す。
3　「れんこん揚げ」で使用した、甘ダレにくぐらせる。

小松菜炒め

● 材料
小松菜 …… 1/2把（35g）
ごま油 …… 小さじ1/2
酒 …… 小さじ1/2
塩 …… ひとつまみ

● つくり方
1　小松菜は5cm幅に切る。
2　フライパンにごま油を熱し、小松菜を中強火で炒める。
3　しんなりしたら酒、塩を加えて調味する。

やる気注入
こべんとう

"やる気注入"とはズバリ、勝負メシ!
ガツンとスタミナみなぎる「こべんとう」がてんこもり。
大事な商談の前に、試験に、恋愛に……人生の岐路に!
自分のために、誰かのために
つくって&食べよう。

頑張るヒトたち、あなたも私も。
みんなを全力で応援したい！

おかずは3品！

こべんとう28
とんかつ

冷めてもウマいのは、断然ヒレカツだ！

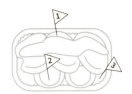

1 とんかつ

● 材料
豚ヒレ肉 …… 100g
塩 …… 小さじ1/4
白胡椒 …… 多めに
薄力粉 …… 大さじ2
卵 …… 1個
パン粉（細かめ）…… 適量
揚げ油 …… 適量
★とんかつソース
　中濃ソース …… 大さじ1
　白すりごま …… 小さじ1

●つくり方
1　豚肉は1.5cm幅に切り、塩、白胡椒で下味をつける。
2　ボウルに卵、薄力粉を混ぜて衣をつくる。
3　1に衣、溶きほぐした卵、パン粉の順につけて中温に熱した揚げ油で揚げる。
4　混ぜ合わせたとんかつソースをかける。

2 味付け玉子

● 材料
ゆでたまご …… 4個
めんつゆ（三倍濃縮タイプ）…… 100cc
すし酢 …… 100cc

●つくり方
1　チャック付きビニール袋に材料のすべてを入れて、一晩漬け込む。
2　食べやすく切って、ごはん、キャベツの上に盛り付ける。

3 千切りキャベツ

● 材料
キャベツ …… 適量

●つくり方
1　キャベツは千切りにする。

調理のコツ

とんかつの揚げ油は、「サラダ油・200cc」に「ラード・大さじ2」をプラスして。コクが出ておいしくなる。

味付け玉子は前日に仕込んでおく。

やる気注入こべんとう

とんかつ

こべんとう29 しょうが焼き

全部で2品

気合いみなぎる、ガッツリメニュー。

1 カレーポテトサラダ

● 材料
じゃがいも……3個（250g）
ハム……1〜2枚（20g）
赤パプリカ（またはピーマン）……20g
いんげん（下茹で済み）……4本（20g）
A｜カレー粉……小さじ1
　｜マヨネーズ……大さじ2

●つくり方
1 ハムはみじん切りに、赤パプリカは5mmの角切り、いんげんは1cm幅に切る。
2 ひと口大に切ったじゃがいもを鍋に入れ、かぶる程度の水を加えて竹串が通るまで茹でる。
3 湯をこぼし、再び火にかけて余分な水分を飛ばしてつぶす。
4 熱いうちにハム、赤パプリカを加え、粗熱をとり、Aといんげんを加える。味を見て塩（分量外）で調える。

2 しょうが焼き

● 材料
豚ロース肉（しょうが焼き用）……2枚（100g）
塩……2つまみ
黒胡椒……適量
ごま油……小さじ1
A｜しょうが（すりおろし）……3g
　｜ごま油……小さじ1
　｜醤油……大さじ1
　｜酒……大さじ1/2
　｜みりん……大さじ1/2

●つくり方
1 豚肉は5cm幅に切り、塩、黒胡椒で下味をつける。
2 フライパンにごま油を熱し、豚肉の両面に焼き目をつける。
3 火が通ったらAを加えて調味し、さっと煮からめる。

3 グリーンピースごはん

● 材料
米……1合
グリーンピース（生）…35g
昆布……3g
水……200cc
A｜水……175cc
　｜塩……小さじ1/2
　｜酒……小さじ1
塩……小さじ1/4

●つくり方
1 炊飯鍋に洗った米、A、昆布を入れて蓋をして強火にかける。
2 煮立ったら弱火にして10分炊き、火を止めて10分蒸らす。
3 炊き上がる直前に別の鍋に水と塩を入れて沸かし、グリーンピースを加えて2〜3分茹でる。
4 1に3を加えて、ざっくりと混ぜる。

こべんとう30
焼き鳥重

ごはんと焼き鳥

こってり、テリテリ焼き鳥のおでまし。

焼き鳥

● 材料

鶏もも肉 …… 120g
塩 …… 小さじ1/3
黒胡椒 …… 適量
長ネギ …… 1/2本
A │ 醤油 …… 大さじ2
　│ 砂糖 …… 大さじ2/3
　│ みりん …… 大さじ1
　│ 白炒りごま …… 適宜

● つくり方

1　鶏肉はひと口大に切り、塩、黒胡椒で下味をつける。長ネギは3cm幅に切る。
2　グリルに**1**を入れて火が通るまで焼く。
3　鍋に**A**を入れて、とろみがつくまで煮詰める。
4　**3**に**2**をくぐらせて、ごはんに盛り付けたら白炒りごまをふる。

盛り付けのコツ

1）ごはんを「こべんとう」の全体に詰めたら、焼き海苔（分量外）をちぎって散らす。
2）焼き鳥、ネギをのせ、お好みで紅生姜を添える。

「こべんとう」を使いこなす　こべんとうテクニック3

技3　めくるめく、ごはんの世界

炊きたてごはんは、なによりのご馳走ですが、残念ながらお弁当でそれは無理。となると、なにかしらの"仕掛け"がほしくなるもので。シンプルにふりかけでもいいけれど、具だくさんの炊き込みごはんやチャーハンはどう？　サッと混ぜる、混ぜごはんなら手間を少なくできますよ。

基本の「き」

白いごはんを鍋で炊く

1　研いだ米はしっかり水を切る。
2　鍋に米を入れ、同量の水を注いで30分ほど浸水させる。
3　蓋をして鍋を強火にかけ、噴いたら弱火に。
4　弱火で10分。
5　火を止め、そのまま10分蒸らす。
6　鍋肌にグルッとしゃもじを入れて、さっくりと、ごはんをほぐす。

究極は日の丸弁当！
梅干しさえあれば
なんとでもなる！

似て非なる!?
「炊き込みごはん」と「混ぜごはん」

本書に登場する炊き込みごはん

- カオマンガイ　P44
- カレーピラフ風　P60
- ターメリックライス　P62
- 五目炊き込みごはん　P76
- グリーンピースごはん　P86
- 鶏飯　P100
- シーフードピラフ　P120
- 鮭炊き込みごはん　P122

本書に登場する混ぜごはん

- かぶ菜めし　P22
- ソースごはん　P36
- すし飯　P74
- こんにゃくごはん　P98
- コーンバターごはん　P106
- お肉の混ぜごはん　P118

炊飯器もいいけれど、お鍋で炊けば……いっそうおいしい!

パパッとひとふり!
ふりかけも常備して。

体形キニナルこべんとう

ダイエットのために……
昨日は食べすぎちゃったから……という理由で、
お弁当づくりするヒトも多いでしょ？
そこで「シイタケ」と「こんにゃく」で
ごはんの量を減らして"カサ増し"というのはどう？

野菜中心と見せかけての……鯖!?

全部で4品！

こべんとう31

シイタケごはん

シイタケごはん

● 材料
シイタケ ……2個（40g）
A ｜ めんつゆ（三倍濃縮タイプ）
　　　　　　　…… 大さじ1
　｜ 水 …… 大さじ2
　｜ みりん …… 大さじ1/2
温かいごはん …… 適量

● つくり方
1　シイタケは縦薄切りにする。
2　鍋にAを入れて煮立て、シイタケを加えて煮汁がなくなるまで煮る。
3　温かいごはんの上に2を盛る。

ちくわきゅうり

● 材料
ちくわ …… 1本
きゅうり …… 1/4本

● つくり方
1　ちくわの穴の大きさに合わせて、きゅうりの側面を切る。
2　きゅうりをちくわの中に入れる。
3　「こべんとう」の深さに合わせて2を切る。

鯖の塩焼き

● 材料
塩鯖 …… 1/2切れ（50g）

● つくり方
1　皮に切り目を入れて、グリルで焼く。

しば漬け

● 材料
しば漬け …… お好みの量を

● つくり方
1　「こべんとう」に、「シイタケごはん」「鯖の塩焼き」「ちくわきゅうり」の順に詰める。
2　隙間にしば漬けを入れる。

> **調理のコツ**
> きゅうりの皮を剥くと、食感がなめらかになり、見た目も洗練された印象に。

お べんとう 32

こんにゃくごはん

―全部で2品！―

超低カロリーな"あいつ"を忍ばせて。

エビとエリンギのソテー

●材料
エリンギ……1本
エビ……2尾（30g）
塩……適宜
黒胡椒……適宜
ごま油……小さじ1/2
しょうが……1片
A｜鶏ガラスープの素（顆粒）
　　　　……小さじ1/2
　｜薄口醤油……小さじ1/2
　｜酒……小さじ1
　｜水……小さじ2
　｜片栗粉……小さじ1/5

●つくり方
1　エリンギは縦5mm幅に切り、長さを半分にする。エビは背に切り込みを入れて背ワタを除き、塩、黒胡椒で下味をつける。しょうがは薄切りにする。
2　フライパンにごま油を熱し、エビを焼く。片側の色が変わったらしょうがを加え、香りが立ったらエリンギを加えて炒める。
3　油がなじんだらAを加え、とろみがついたら火を止める。

炒めこんにゃくごはん

●材料
こんにゃく……70g
しょうが（みじん切り）……1/2片
A｜酒……小さじ1
　｜みりん……小さじ1
　｜塩……小さじ1/2
温かいごはん……適量
黒炒りごま……適量

●つくり方
1　こんにゃくは5mmの角切りにする。
2　フライパンを熱し、1を乾煎りして余分な水分を飛ばす。
3　しょうが、Aを加えて煮汁がなくなる程度まで炒め煮にする。
4　温かいごはんに3と黒炒りごまを混ぜる。

こべんとう 33

おむすびこべんとう一丁！

鶏飯おむすび

根菜ざっと煮
＋
たたききゅうり
＋
かまぼこ
＋
小松菜の和えもの

おむすびこべんとう

三べんとうさん

昆布佃煮おむすび

鮭おむすび

いんげんとさつま揚げ煮
＋
ささみの竜田揚げ
＋
にんじんの煮物
＋
白菜おひたし

こべんとう33　おむすびこべんとう一丁！

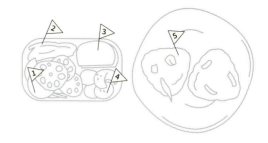

根菜ざっと煮

●材料
れんこん……1節（90g）
にんじん……1/3本（60g）
ごぼう……25g
ごま油……小さじ2
A　かつおだし……100cc
　　醤油……大さじ2
　　みりん……大さじ1
　　酒……大さじ1
　　砂糖……大さじ1/2

●つくり方
1　れんこんは2〜3mmの半月切りに、ごぼうはささがきにして、それぞれ水にさらし、水気を切る。にんじんは2〜3mm幅の半月切りにする。
2　フライパンにごま油を熱し、1を強火で炒める。しんなりしたら、Aを加えて煮立て、落とし蓋をして弱中火で5分ほど煮る。

かまぼこ
お好みのかまぼこを切って添える。

小松菜の和えもの

●材料
小松菜……1把（50g）
A　めんつゆ（三倍濃縮タイプ）
　　　　　　……小さじ1
　　砂糖……小さじ1/2
　　黒すりごま……小さじ1

●つくり方
1　鍋に湯（分量外）を沸かし、小松菜を根元から入れて茹でる。
2　火が通ったら、流水で冷まし、しっかりと水気をしぼる。
3　2を食べやすい長さに切ってボウルに入れ、Aで調味する。

たたききゅうり

●材料
きゅうり……1本（110g）
塩……小さじ1/3
A　ごま油……大さじ1
　　白炒りごま……大さじ1
　　すし酢……大さじ1

●つくり方
1　きゅうりは軽くたたいて5cm長さに切り、塩をして30分ほどおく。
2　水気をふき、Aを加えて15分ほど漬ける。

鶏飯おむすび

●材料
鶏もも肉……50g
ごぼう……25g
米……1合
A　醤油……大さじ1/2
　　みりん……大さじ1/2
　　酒……大さじ1/2
　　かつおだし……157.5cc

●つくり方
1　鶏もも肉は1cmの角切りに、ごぼうはささがきにして水にさらし、水気を切る。
2　炒飯鍋に洗った米、A、1を入れて蓋をして強火にかける。煮立ったら弱火にして10分炊き、火を止めて10分蒸らす。
3　炊き上がったら、さっくりと混ぜて握っておむすびに。

こべんとう34　おむすびこべんとう二丁！

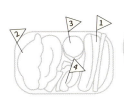
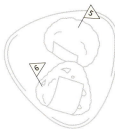

いんげんとさつま揚げ煮

● 材料
いんげん……50g
さつま揚げ……100g
A｜かつおだし……150cc
　｜砂糖……小さじ1
　｜醤油……大さじ1と1/2
　｜酒……大さじ1
　｜みりん……大さじ1

● つくり方
1　いんげんはヘタを除き、5cm幅に、さつま揚げは1.5cm幅に切る。
2　鍋にAを入れて煮立て、1を加えて落とし蓋をして弱中火で8分ほど煮る。

ささみの竜田揚げ

● 材料
鶏ささみ肉……100g
A｜醤油……大さじ1
　｜みりん……大さじ1/2
　｜にんにく（すりおろし）……1/4片
片栗粉……適量
揚げ油……適量

● つくり方
1　ささみはひと口大に切り、Aで下味をつける。
2　片栗粉をまぶしつけて、中温に熱した油で揚げる。

昆布佃煮おむすび

● 材料
温かいごはん……適量
昆布の佃煮……適量

● つくり方
1　ボウルに温かいごはんと昆布の佃煮を入れ、さっくりと混ぜて握る。

にんじんの煮物

● 材料
にんじん……40g
A｜かつおだし……100cc
　｜酒……大さじ1
　｜薄口醤油……大さじ1

● つくり方
1　にんじんは5mm幅の輪切りにして鍋に入れる。
2　Aを加えてお好みの硬さになるまで煮る。

白菜おひたし

● 材料
白菜……100g
かつお節……適宜
醤油……適宜

● つくり方
1　鍋に湯（分量外）を沸かし、ざく切りにした白菜を茹でて流水にとり、水気をしぼる。
2　醤油をかけて余分な水分をしぼり、かつお節をからめる。

鮭おむすび

● 材料
温かいごはん……適量
塩鮭……1/2切れ

● つくり方
1　塩鮭はグリルで火が通るまで焼き、骨と皮を除く。
2　ボウルに温かいごはんと1を入れ、ほぐしながらさっくりと混ぜて握る。

冷"蔵"庫おそうじ
こべんとう

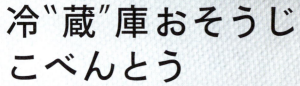

「やばい。そろそろあれかな……」という食材が、
冷蔵庫にはあるもので。
知人にヒアリングしたところ、
ひき肉、鶏むね肉、白菜、とうもろこしが
余りがち！　という結果に！
余りモノなんてネガティブじゃなく、
ウマイこべんとう、つくりましょう。

「お、冷蔵庫にあった！」ラッキーという気持ちで。

こべんとう35

ピクルスバーグ

全部で2品!

お悩み1
「ひき肉が余る、ピクルスが余る」と聞いたもので。

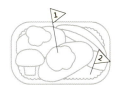

ピクルスバーグ

● 材料
合いびき肉……80g
ピクルス……1本（20g）
A ｜ 薄力粉……小さじ1/2
　｜ 牛乳……小さじ1
　｜ 黒胡椒……適量
オリーブ油……小さじ1/2
マッシュルーム（生）……1個
赤パプリカ……1/8個

● つくり方
1 ピクルスは5mmの角切りに、マッシュルームは縦半分に切る。
2 ボウルに合いびき肉、ピクルス、Aを入れて粘りが出るまでしっかりと混ぜる。2等分にし、空気抜きをして成形する。
3 フライパンにオリーブ油を熱し、2の両面に焼き色をつける。マッシュルーム、赤パプリカを加える。油が足りなければ適宜（分量外）足す。蓋をして火が通るまで加熱する。
4 マッシュルームと赤パプリカは、それぞれ食べやすい大きさに切る。
5 ピクルスバーグの上にソースをのせる。

コーンバターごはん

● 材料
温かいごはん……120g
コーン（缶詰）……25g
バター……2g
塩……小さじ1/6
黒胡椒……適量

● つくり方
1 コーン缶は水気を切る。
2 フライパンにバターを熱し、コーンを中火で炒める。
3 油（バターの）がまわったら、ごはんを加えてほぐすように炒める。
4 塩、黒胡椒で調味する。

ソースをつくろう

● 材料
玉ねぎ（みじん切り）……25g
バター……5g
薄力粉……小さじ1
牛乳……大さじ2
塩……小さじ1/5

● つくり方
1 フライパンにバターを溶かし、玉ねぎを加えてしんなりするまで炒める。
2 薄力粉を加えて1分ほど炒め、牛乳を入れ、しっかりととろみをつける。
3 塩で調味する。

お悩み2
「鶏むね、安いときについ買いすぎちゃってどうしよう！」と聞いたもので。

おかずは3品

こべんとう36

ピリ辛鶏

1 鶏むね肉のピリ辛

● 材料
鶏むね肉 …… 70g
塩 …… 小さじ1/4
白胡椒 …… 適量
ごま油 …… 小さじ1
柚子胡椒 …… 適量

● つくり方
1 鶏肉は1.5cm幅の棒状に切り、塩、白胡椒で下味をつける。
2 フライパンにごま油を熱し、1を強火にかける。
3 全体に焼き色がつき、火が通ったら取り出し、お好みで柚子胡椒をのせる。

2 いんげんと海苔佃煮の和え物

● 材料
いんげん（下茹で済み）…… 4本
海苔の佃煮 …… 小さじ1
マヨネーズ …… 小さじ1/2

● つくり方
1 いんげんはヘタを除き、5cm幅に切る。
2 ボウルにすべての材料を入れて、和える。

3 なすのおひたし

● 材料
なす …… 1本（80g）
A ｜ 白すりごま …… 小さじ1
　｜ めんつゆ（三倍濃縮タイプ）
　｜ 　　　　　…… 小さじ1
　｜ 砂糖 …… 小さじ1/3

● つくり方
1 なすは皮を縞目にむき、水にさらして水気を切る。
2 鍋に湯（分量外）を沸かし、1を加えて火が通るまで茹でて流水にとり、水気をしぼる。
3 ボウルにAと2を入れて、和える。

なすを"縞目"にむく？

縦に細長く、皮を残してシマシマになるようにむくこと。火の通りが早く、味が染み込みやすくなる。ヘタのほうからピーラーでむくとラク。

こべんとう37

とうもろこし、白菜 etc

—おかずは3品！—

お悩み3
「あれもこれもが余っている、どうしよう？」
→卵でとじちゃえ、炒めちゃえ。

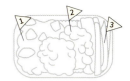

梅肉と白菜の卵とじ

● 材料
梅干し …… 1個（20g）
白菜 …… 100g
ごま油 …… 小さじ1
しょうが（みじん切り）…… 1/2片
卵 …… 1個
A｜酒 …… 大さじ1/2
　｜醤油 …… 大さじ1/2
　｜みりん …… 大さじ1/2
　｜かつおだし …… 50cc
　｜片栗粉 …… 小さじ1/2

● つくり方
1 梅干しは種を除き、包丁でたたいて細かくする。白菜は1.5cmのざく切りにする。
2 フライパンにごま油を熱し、しょうが、白菜を加えて強火で炒める。
3 香りが立ったら梅干し、Aを加え、混ぜながらとろみをつける。
4 溶きほぐした卵を回し入れて、火を通す。

とうもろこしのかき揚げ

● 材料
とうもろこし …… 1本
天ぷら粉 …… 大さじ3
水 …… 大さじ1と1/2
揚げ油 …… 適量

● つくり方
1 とうもろこしは包丁で実を削るようにして外し、ボウルに入れる。天ぷら粉を加えて全体にからめ、水を加える。
2 1をひと口大になるように小分けにして、中温に熱した油で揚げる。

油揚げと小松菜の炒め煮

● 材料
油揚げ …… 1枚
小松菜 …… 1把（50g）
A｜めんつゆ（三倍濃縮タイプ）
　｜　　…… 大さじ1と1/2
　｜水 …… 大さじ4
　｜みりん …… 大さじ1/2

● つくり方
1 油揚げは横1cm幅に、小松菜は5cm幅に切る。
2 鍋にAを入れて煮立て、油揚げを加える。煮汁が全体になじんだら小松菜を加え、落とし蓋をして弱火で煮汁がひたひたになる程度まで煮る。

調理のコツ

とうもろこしを揚げるとき、サラダ油にほんの少しごま油をプラスすると、香りがよくなる。

こべんとう38 豚のハーブマリネ
こべんとう39 イワシマリネ
こべんとう40 チキンと野菜のマリネ
こべんとう41 牛肉マリネ

豚のハーブマリネ

●材料
豚肩ロース（塊）……340g
A｜塩……小さじ1/2
　｜黒胡椒……適量
　｜はちみつ……小さじ1
　｜レモン汁……小さじ1
ローズマリー……1枝
セロリ……20g
レモン（半月切り）……3枚

●つくり方
1 豚肉は2cmに、セロリは斜め薄切りに、ローズマリーは5cm程度の長さに切る。
2 1にAを合わせてごべんとうに入れる。
3 レモンをのせる。

チキンと野菜のマリネ

●材料
鶏もも肉……150g
A｜塩……小さじ1/3
　｜黒胡椒……適量
　｜にんにく（すりおろし）……1/2片
ズッキーニ……1/2本
パプリカ……1/8本
バジル……8g
オリーブ油……適量

●つくり方
1 ズッキーニは5mm幅に、パプリカは5mm幅に斜めに切る。
2 鶏肉にAをもみ込み、ごべんとうに入れる。
3 手でちぎったバジル、1を合わせてオリーブ油をまわしかける。

イワシマリネ

●材料
イワシ（三枚おろし）……3尾
塩……小さじ1/2
黒胡椒……適量
タイム、ディル……各2〜3枝
レモン（半月切り）……2枚
オリーブ油……適量

●つくり方
1 イワシの全体に塩、黒胡椒をふる。タイム、ディルは5cm程度の長さに切る。
2 ごべんとうにイワシを並べ入れ、タイム、ディル、レモンを加え、オリーブ油をまわしかける。

牛肉マリネ

●材料
牛肉（カルビ焼き肉用）……150g
A｜砂糖、ナツメグ……各小さじ1/2
　｜にんにく（すりおろし）……1/2片分
　｜醤油……小さじ1
　｜オリーブ油……小さじ1

●つくり方
1 ごべんとうに牛肉を入れAとよくもみこむ。

ごべんとうでマリネ！
しっかり味をなじませて、火が通るまで加熱してから召し上がれ。

冷凍庫の邪魔モノも、おいしくいただきまーす！

冷"凍"庫おそうじ こべんとう

「冷蔵庫」に続き、「冷凍庫」の中身もスッキリさせたい！
冷"凍"してるから安心。……なんて過ごしていると、
意外や意外、あっという間に冷凍庫がパンパンに。
まとめ買いしたお肉や
シーフードミックスも上手に利用しよう。

お肉はなーんでも可。
しょうがと混ぜてさっぱりごはんに。

| 全部で3品！

こべんとう42 お肉混ぜごはん

お肉混ぜごはん

● 材料

余り肉（豚こま切れ肉、鶏ひき肉など）
　……100g
しょうが（みじん切り）……大を1片
ごま油……小さじ1/2
A｜酒……大さじ1/2
　｜みりん……大さじ1/2
　｜醤油……大さじ1
温かいごはん……適量

● つくり方

1　お肉が大きい場合は1cm幅に切る。
2　フライパンにごま油を熱し、しょうがを入れ、香りが立ったら肉を加えてほぐしながら炒める。
3　色が変わったらAを加えて調味し、水分がなくなるまで加熱する。
4　温かいごはんに、お好みの量の3を混ぜる。

いんげんバターソテー

● 材料

いんげん（下茹で済み）……4本
バター……2g
塩……2つまみ
黒胡椒……適量

● つくり方

1　いんげんはヘタを除き、5cm幅に切る。
2　フライパンにバターを熱し、いんげんを中火で炒める。
3　火が通ったら、塩、黒胡椒で調味する。

ツナマカロニサラダ

● 材料

ツナ……1缶（70g）
マカロニ……50g
きゅうり……1/4本（25g）
塩……ひとつまみ
A｜マヨネーズ……大さじ1と1/2
　｜塩……ひとつまみ
　｜黒胡椒……適量

● つくり方

1　マカロニは表示の時間通りに茹でて、ざるにとり、粗熱を取る。
2　きゅうりは薄切りにして塩でもんで10分おき、余分な水分をしぼる。
3　ボウルに、軽く汁気をきったツナ、マカロニ、キュウリを入れて混ぜる。

調理のコツ

きゅうりを塩もみすると、水分が出てしんなりとする。水分をしぼるときは、両手でギュッとして。

こべんとう43

シーフードピラフ

\ 全部で3品！ /

冷凍庫の片隅で
小さくなっている
シーフードミックスは……

シーフードピラフ

● 材料
米 …… 1合
シーフードミックス …… 100g
オリーブ油 …… 大さじ1/2
にんにく（みじん切り）…… 1/2片
A｜水 …… 150cc
　｜コンソメ（顆粒）…… 2g
　｜白ワイン …… 大さじ1/2

● つくり方
1 米は洗って水気を切る。シーフードミックスは解凍して水気を切る。
2 フライパンにオリーブ油を熱し、にんにくを強火で炒める。香りが立ったらシーフードミックスを加えて炒め、油がまわったら米を加えて炒める。
3 米が透き通ってきたらAを加えて蓋をして、強火にかける。
4 煮立ったら弱火にして10分炊き、火を止めて10分蒸らす。
5 炊き上がったらさっくりと混ぜる。

ソーセージ

● 材料
ソーセージ …… 1～2本
サラダ油 …… 適量

● つくり方
1 ソーセージに切り込みを入れる。1～2mm幅ごと縦長に刃を入れて。
2 フライパンを熱し、ソーセージを転がしながら、焼き色が少しつく程度まで加熱する。

ピーマンとしらすの炒め物

● 材料
ピーマン …… 1個（40g）
しらす …… 10g
ごま油 …… 小さじ1/2
塩 …… ひとつまみ
黒胡椒 …… 適量

● つくり方
1 ピーマンはヘタを除き、千切りにする。
2 フライパンにごま油を熱し、ピーマンを中強火で炒める。
3 油がまわったら、しらすを加え、塩、黒胡椒で調味する。

鮭、きのこ、漬物も冷凍庫を占める
"残りもの"レギュラー！

こべんとう44

炊き込みごはん

— 全部で4品！ —

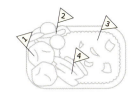

里芋煮物

● 材料
里芋 …… 200g（正味130g）
A｜めんつゆ（三倍濃縮タイプ）
　　　　　…… 大さじ1
　｜水 …… 150cc
　｜みりん …… 小さじ2
　｜砂糖 …… 小さじ1

●つくり方
1 里芋（大きい場合にはひと口大に切る）は、鍋に入れて、かぶる程度の水を加えて強火にかける。煮立ったら茹でこぼし、水気を切る。
2 鍋に1とAを入れて火にかけ、煮立ったら落とし蓋をして弱中火で10分煮る。
3 落とし蓋を外し、煮汁が残っていたら味を見て、転がしながら軽く煮詰める。

キノコソテー

● 材料
しめじ、まいたけ …… 100g
バター …… 2g
酒 …… 小さじ1
塩 …… 適量

●つくり方
1 しめじ、まいたけは石突を除き、小房に分ける。
2 フライパンにバターを熱し、1を強火で炒める。
3 酒、塩に順に加えて調味する。

冷凍鮭の炊き込みごはん

● 材料
米 …… 1合
塩鮭・甘口（切り身）…… 40g
A｜かつおだし …… 157.5cc
　｜酒 …… 大さじ1/2
　｜みりん …… 大さじ1/2
　｜薄口醤油 …… 大さじ1/2

●つくり方
1 塩鮭はグリルで焼く。
2 炊飯鍋に洗った米、A、1を入れて蓋をして強火にかける。
3 煮立ったら弱火にして10分炊き、火を止めて10分蒸らす。
4 炊き上がったら、塩鮭の皮と骨を除き、さっくりと混ぜる。

青菜漬けって？
"青菜漬け"は「せいさいづけ」と読み、山形の在来野菜で、九州の高菜や長野の野沢と同じ仲間。軽く水分を切って盛り付ける。

青菜漬け

● 材料
青菜漬け …… お好みの量を

●つくり方
1 食べやすい大きさに切って、軽く水気を切る。

「こべんとう」ができるまで。

編集担当（以下、担当）　読者のみなさん！　心平さんのインスタグラムご覧になっていますか？　はい、もちろんフォローしてますよね。担当もこの二年ほど眺めては「ひゃー、うまそう！」とヨダレを流していたものです。そしてある日、気づいてしまったんです。心平さんは息子クンのために毎朝お弁当をつくっているということに。そこで心平さんにアプローチしたという。

栗原心平（以下、心平）　「かっこいいお弁当レシピ本をつくりたい」と言われて。それに息子が幼稚園に通っている二年間、毎日お弁当づくりをするなかで、自分なりに、使い勝手のいいお弁当箱をほしいと思うようになっていって。

担当　それが、この「こべんとう」にいかされた？

心平　そう。つくる人にとって詰めやすく、食べる人にとっておいしく食べられるお弁当箱ってないのかなぁ、と。それには、どんな形でどんな材質がいいのか？　大きさはどうしよう？　と妄想していたところに、ちょうどこの本のお話が舞い込んできた（笑）。

担当　こちらとしても渡りに船でした（笑）。とにかく小さくてかわいい。でも無骨さもあって。ふだん、お弁当をつくらない人でも「これだったら使ってみたい」となるお弁当箱を探していました。

心平　ないならばつくってしまえばいい！　と、「こべんとうプロジェクト」がスタートしたという。いろいろ考えるうちに、小さくても、ちゃんと満足できる量を詰められるものに……と具現化しましたね。

「しっくりと手になじむ、お弁当箱がほしかった」

担当　アルマイトのお弁当箱はリバイバルというか、今人気があります。でも「ほしい＆詰めたい！」と思ったのは、この「こべんとう」だけ。なにより、手にした瞬間、気持ちよかった！

心平　それは蓋と本体を面取りしているから。スパッと90°ではなく丸い曲面を描いているので、こう、お茶碗を持ったときのように、しっくりと手にフィットするんです。いつまでも持っていたいような。

担当　なんだかやさしいんです、とっても。商品の説明に「伝書鳩のようなやさしいお弁当箱」とあって。

心平　〝つくる人〟と〝食べる人〟の橋渡しをイメージしています。双方がホッと和む……「こべんとう」はそんな存在でいてほしいな。

おわりに

　息子のため、つまり誰かのためにお弁当をつくるようになってわかったことがあります。自分が母にしてもらったように「ていねいなお弁当」をつくりたいということ。お弁当とは、そのときの「親から子へ」に託すものでもあり、自分が親になったとき、子へとつなぐのだと強く感じました。

　この本では、シチュエーションに応じて「全45こべんとう」を紹介しました。本編には44、残り「1こべんとう」がどこにあるかはお楽しみに。ってすぐにわかりますよね（笑）。

　それぞれの「こべんとう」には2〜5品のお料理が入りますので、想像以上にバラエティに富んだラインナップになっているはず。「こべんとう」という小さいけれども奥深い容器に慣れるには、充分な数だと思っています。

　ひとつのお弁当箱としてはもちろんのこと、複数を組み合わせて使ったり、調理道具としても役立てることができると思います。

「つくる人と食べる人を心地よく行き来する、こべんとう」をぜひ楽しんでください。

栗原心平

栗原心平
くりはら・しんぺい

1978年生まれ。一児の父。料理家・栗原はるみの長男であり、株式会社ゆとりの空間代表取締役。幼いころから得意だった料理の腕をいかして、自身も料理家として多方面で活躍。全国各地のおいしい料理やお酒をヒントに、ごはんのおかずやおつまみのレシピを提案している。

テレビ東京の人気料理番組『男子ごはん』にレギュラー出演中。同番組のレシピ本『男子ごはん』の10冊め『男子ごはんの本 その10』(MCO発行・KADOKAWA)が2018年4月に刊行された。ほか『栗原心平の とっておき「パパごはん」』(講談社)など著書多数。

Instagram　https://www.instagram.com/shimpei_kurihara/
ゆとりの空間　https://www.yutori.co.jp/

撮影	寺澤太郎
調理助手	有村沙織(ゆとりの空間)
ブックデザイン	木村由紀(MdN Design)
デザイン制作補助	三鴨奈苗(MdN Design)
DTP	ベイス
校正	戸羽一郎
編集	山﨑真由子
	久田一樹(山と溪谷社)

栗原心平のこべんとう

2018年10月1日　初版第1刷発行

著者　　　　栗原心平
発行人　　　川崎深雪
発行所　　　株式会社山と溪谷社
　　　　　　〒101-0051　東京都千代田区神田神保町1丁目105番地
　　　　　　http://www.yamakei.co.jp/
印刷・製本　株式会社暁印刷

■乱丁・落丁のお問合せ先
　山と溪谷社自動応答サービス　TEL:03-6837-5018
　受付時間／10:00-12:00、13:00-17:30 (土日、祝祭日を除く)
■内容に関するお問合せ先
　山と溪谷社　TEL:03-6744-1900 (代表)
■書店・取次様からのお問合せ先
　山と溪谷社受注センター　TEL:03-6744-1919　FAX:03-6744-1927

©2018 Shimpei Kurihara All rights reserved.
Printed in Japan
ISBN 978-4-635-45028-7

●定価はカバーに表示してあります。落丁・乱丁本は送料小社負担にてお取り換えいたします。
●本書の一部あるいは全部を無断で転載・複写することは、著作権者および発行所の権利の侵害となります。あらかじめ小社までご連絡ください。